FAASLAY

A COLLECTION OF NAZMS

TAUSEEF ALI

Made with ♥ on the Notion Press Platform
www.notionpress.com

Contents

Preface

Faaslay is a collection of hindi/urdu poems written in English.

My goal was never to write a book but something kicked in and I decided to share my thoughts.

Writing is a work of art ,people rarely understand them but those who do are full of depth, through this book ,I wish to reach some emotions ,we never talk about.

Far beyond ideas of wrongdoing and rightdoing ,there is a field.I'll meet you there.

-Rumi

'I told God
A lot
About you'

1. Kya hoon main?

Kya hoon main?
Kya ek khayal hoon main
Ya behti nadiyon ki tarah zawaal hoon main?
Teri mere beech jo faasle hai
Kya iska imtehaan hoon main?

Mai woh khat hoon jisse padha nai jaa sakta
Main woh rang hoon jisse dekha nai jaa sakta
Main woh aasman hoon jaha pahucha nai jaa sakta
Mai woh aag hoon jisse chua nai jaa sakta
Mai woh mazmoon hoo jisse samjha nai ja sakta
Main woh roshni hoon jisse Roshan nai kia jaa sakta,
Ankhir Kya hoon main?

Duniya se thak ke haara insaan hoon main?
Gaflati me doob ,dosto ko khoya ek baiman hoon main!
Zimedariyon ke boj se bhara,kya koi kitaab hoon main?
Khud se wafadar,ya logo se khabardar hoon main?
Kya hoon main?

Baarish ki boond hoon main
Ya nazmo ka alfaaz hoon main?
Sote hue panchiyon ka
Koi udhta sa khwab hoon main!
Sitaro ko chumta
Ya Chanda me daag hoon main?
Tere Aur mere jazbato ka
Thoda sa sawab hoon main
Tujhse door nai tujhse paas nai

Dhur sheher me kahi sota,ek masoom anjaan hoon main!
Khud se bekhabar
Par khabaro ko makaan hoon main
Aur kuch toote hue dil ka
Halka sa aaram hoon main!

In sab ke bawajood khud se anjaan hoon main,
Aankhir Kya hoon main?

Sach hoon main ,ya sawaal hoon main
Jhut hoon main ,ya jawaab hoon main,
Tujhse beechda koi Gulaab hoon main
Ya registaan me paani ka asaar hoon main?
Jo bhi hoon ,Jaisa bhi hoon
Tera talab daar hoon main!
Aur is chote se duniya me
Thoda sa jeene ka haqdaar hoon main.

-Tauseef Ali

2. Kaha se shuru karu?

kaha se shuru karu?
chalo uske aankhon se shuru karta hoon!
uski aankhein khud me hi ik nazm thi!

uski jo kaali zulfein thi
woh ankhon ke saamne aa girti thi,
aahiste se woh usse kaan ke peeche pherti thi,
par kambakht zulf wapas se apna raste banaye
humare hosh-o-awaaz ko kahi le udhti thi,

uske gardan pe ik til thi,
aur shayad hi usse haseen koi ladki thi,

Uchaai mai woh mere kaandhe tak aati thi
aise toh mai uske saath jhuk kar chalta tha ke mera kad ucha na lage
par jab bhi baari,maapne ki aati ,woh khud hi jhuk jaati thi,

kya ladki thi?
kabhi kabhi toh mere hi samjh mai nahi aati thi,

khair,
uski baaton me ik tarah ki junoon thi
aur woh ladki meri dil ki sukoon thi,

uski jo kalayi thi
aisaa lagta hai khuda ke haatho ki safai thi
usse dekhte hi thaam lene ko jee karta tha
par choro jaane do,woh toh kal ki baat thi!

uske jism me kuch nishaan the,
par aisa lagta tha
jaise kehkashaon mee sitaron ke bahar the!

uske pair mai ik dhaaga tha!
aisa lagta tha kisi ne badhe pyaar se bandha tha,
woh kehti thi nazaro se bachaega usse,
par usse kaise batata mai?
ke dhaaga hi usse nazar lagata tha!

uski jo kitaabein thi
mere farsh par padhi thi,
jab dekhne ko uthaya
tab bhi woh uske mehek se bhari thi,

uski jo khushboon thi
shahed se bhi meethi thi,
aur uske haathon se banaye gaye meethe ka kya kehna ,
woh toh uske khushboon se bhi meethi thi,

aur uska jo kamra tha
aise lagta tha jaise yaadon ka mela tha ,
nafrat thi uske uth ka jaane se!
par ab dekhta hoon toh sochta hoon
woh bhi kitna haseen bachpana tha.

-Tauseef Ali

3. Zaalima

zulf jab woh lehrakar aati hai,
uski har agle kadam
par meri jaan jaati hai,

chehre ko kabhi dekh na saka mai,
kyuki jab woh paas se guzarti hai
nigahein khud hi jhuk jati hai!

adab se,ya sharm se,
ya uski dil fareb nazar se!
pata nahi kis se?
par uske ik deedar se dil mai narmi si chaa jaati hai!

itne khush mizaaz se
uchalte kudakte aati hai,
na jaane
kitno ke dilon par kabza kar jaati hai!

masoomiyat se muskurati hai,
ghazal ke lafz ik taraph,aur uski khubsurati ik taraph,
in baaton ka woh andaza dilati hai!

mere khwabon mai kabhi kabhi woh aati hai,
beechde hue dost ki
halki si yaad dilati hai!

zara si kad ki hai!
par taish pahad sa dikhati hai,
shayad usse pata hai,mai uske nazdeek ana chahta hoon,
tabhi woh har lamhe mujhse dhur jaati hai!

apne jism ki
kabz se hifazat farmati hai,
tab bhi sirf uski aankhein dekh kar
mere bechain rooh ko thandak si aati hai,

apne deedar se
mere waqt ko thaamti hai!
usse dekhta hoon toh dekhta hi reh jaata hoon
na jaane kab?
subhe se raat hojati hai!

mere taqdeer mai nahi aati hai!
mujhe ashiqui ,chain-o-karaar ka shauq bhi toh nahi,
par meri dost bhi toh nahi banna chahti hai!

uske siwa,
shayad mujhe koi samjhega nahi
aise khayal mere zehan mai aati hai,
par uski bhi kuch toh dastaan rahi hogi,
jo yuhi bewajah woh mere dil ko dukhati hai!

-Tauseef Ali

4. Kya kahe ga?

kya kahe ga
kabhi milne bhi agar aya woh,
mera naam tak nahi jaanta,
toh nazrein kaise mila paega woh?

usse lagta hai bhula dunga usse
kya ishi soch mai hamesha dooba rahega woh?
haan mai taajir aadmi hoon,par tujhse sauda nahi karta,
kya tab bhi mujhe auro ki tarah dekhta rahega woh?

ha likha karta tha kisi ke khaatir
par ab tere liye likhta hoon,
qalam kaafi dino ke baad uthayi hai
kya itni si baat nahi samjh paega woh?

kabhi agar milne bhi aya
toh mujhse kya kahega woh?
jaise woh auro se milta hai
kya mujhse bhi waise hi milega woh?

kya kabhi mere awaaz mai,
mere shair sun paega woh?
kya kabhi mere nazron se,
khud ko dekh paega woh?

ik khwab bankar reh jaega woh,
meri yaadon ke siwa aur kahi nahi aega woh!
na mujhse baatein karega,na mujhe samjhaega woh,
na hi mere veeraane mai,chupke se bahar laega woh!

aur aankhir mujhse milne kyu aega woh?
chaand ki tarah dhur se hi jagamagaega woh!
toot te hue sitaaron ki tarah mujhe nazar aega woh!
chahte hue bhi us se maang nahi sakta
aisi uljhan mai chor jaega woh!

meri dastan jo shuru tak nahi hui
usse khatam kar jaega woh!
usse lagta hai bhul kar jaane dunga usse,
ishi veham mai musalsal reh jaega woh!

khair,
mere nazmo ko kaash samjh pata woh
mera hissa jo uske paas hai ,kaash usse dekh paata woh,
riha karta hoon aaj usse apne lafzon ke kaid se
kyuki shayad kahi na kahi yahi chahta hoga woh!

-Tauseef Ali

5. Baith mere saamne

Aa baith mere saamne
tujhe kahani sunata hoon
aa baith mere saamne
woh purani gazlein dohrata hoon

aa baith mere saamne
dhoondli tasveero ko taaza karata hoon

aa baith mere saamne
apne dost ke baare me batata hoon
un bewakoof bando se tujhe iktala karata hoon

aa baith mere saamne
dil ka haal sunata hoon

aa baith mere saamne
tujhe khud se pyaar karna sikhata hoon!

aa baith mere saamne!
wapas se,
teri nigahon me doobna chahta hoon
woh aag ka dariya teher kar paar karna chahta hoon
tere haathon ki narmi,apne chehre pe mehsoos karna chahta hoon
teri ankhon se aankhein mila,sadiya bitana chahta hoon
khud ko tere qaabil banana chahta hoon
tujhe teri ahmiyat batana chahta hoon
tere makhmal hasi ko yuhi hamesha sajana chahta hoon
teri namkeen aansuon ko apna banana chahta hoon
tere gulabi gaalon me ishq ka rang lagana chahta hoon

apne nazmo me sirf tera hi zikr karna chahta hoon
apni hasraton ko pura karna chahta hoon
ek farishte ki tarah teri hifazat karna chahta hoon
tujhko bahon me basakar tujhi me bas jana chahta hoon
log mera naam le aur mai tere naam me milu,aise me tujhse judh jaana chahta hoon.

aa baith mere saamne
tujhe ishq ka izhaar karna sikhata hoon

aa baith mere saamne
tu chaandni se khubsurat hai me yeh chaand se daawa karna chahta hoon

aa baith mere saamne
tere maujudgi ka ehsas karna chahta hoon

aa baith..bhale hi dil dukha
par aa baith..aa baith toh sahi mere saath
ke aaj ke baad phir,tujhse aur kabhi bichadna nai chahta hoon.

-Tauseef Ali

6. Dil jalane ki yeh baat hai

Dil jalane ki yeh baat hai,
Mere haathon me tumhara haath hai!
Bhale hi mukhtasar yeh Raat hai
Par chaand humare saath hai.

Bhale hi Zakhm dega yeh judai,
Par qismat azmane ka junoon Sir Pé sawaar hai,

Tera haath jo thaam lia isse Jaane na dunga me,
Khud mitt jaunge par ek aanch na aane dunga me.

Tere aib ko nazar andaaz karunga main,
Tujhe panchiyon sa phirta dekhunga main,
Aur Tu nishaane me aa bhi jaaye toh,kaunsa teer maar lunga main?

Tere khaatir khudko sawarta rahunga main,
Tujhse apni dil ki baat chupata rahunga main,
Kya pata kisi din tujhe koi Aur pasand ajaye,
Usse bhi apna maan baithunga main.

Tujh jaisa na kabhi dekha hai,na dekhunga main,
Apne dil ki kuch baatein sirf tujhse karunga main
Tu maane ya na maane,woh tujhpe hai,
Par hamesha ki tarah ,Teri har baat Pé haan me haan Milata rahunga main.

Teri har mulaqat ko lafzon me likhta rahunga main,
Auro se alag tujhe dikhta rahunga main,
Phir bhi,be intehaan mohabbat tujhse karta rahunga main.

Tera faqat mere dil me utar jana,
Kahaniya maan baithunga main,
Tera bewajah Meri baaton Pé muskura jaana,
Logo ko sunaya karunga main,
Woh jab puchenge aage Kya hua,
Toh halke se muskura dia karunga main.

-Tauseef Ali

7. Kitna mushkil hota hai na?

Zindagi ko jee jaana
Uchaiyon ko chu jana,

Sach keh jana
Haqeeqat chupaye jaaana,

Pyaar me padh jana
Yaaron se ladh jana,

Kitaabe khol
Zehan me tasveer banate jana,

Mai Aur tum ka hum hona
In faslon ka kam hona,

Uski aankhein choom lena
Labon ko chu ,jhoom lena,

Baarish me bheegte jaana
Yaadein likhte jana,

Kabhi kisiko Bhool jana
Kabhi kisiko apna banana,

Khamiya dhoondna
Phir Khud hi mukhar jana,

Usse khush dekhna
Aur sawar jana,

Apne mohabbat ka izhar kar
Jazbaato ko see jana,

Usse hasta dekh
Khud me jhoom jana,

Kahi manzilon ko paana,
Toh kabhi khwabon ko sulana,

Chand karz jhukana
Toh saare farz nibhaana,

Zindagi ko jee jana
Ashqon ko pee jana,

Kitna mushkil hota hai na muskurana?
Aur aankhir me kisi ke gale se lag jana.

Kitna mushkil hota haina?

-Tauseef Ali

8. Ashqon se azaad kar

ashqon se mujhe azaad kar
har hisse ko mere,tu apne naam kar,
na dard de,na sila de
ik makaan banakar apne sath rehn de,

ishq kar,saza na de,
tujh se beechdu bhi toh
hawaon ki tarah tujhe chu kar guzar jaane de,

sun meri baat!
apna khayal rakha kar
aag bankar meri thand se hifazat kia kar,

thoda teher jaya kar,
kabhi thak kar
mujhpe tham jaya kar,

apni baatein kia kar,
haske kia kar,
par dil na dukh jaaye mera
thoda sa dhyaan rakha kar,

kabhi akele mil lia kar
mehfil se hat kar,saath baith lia kar,
aur agar ik baar dil ki baat keh de
toh mere saamne pathar na bana kar!

rooth kar
nadi kinaare na baitha kar,
kya pata leher tujhe manane ajaye?
nadiyon se thoda dhur raha kar!

apni aahaton se
mere dil ki dhadkano ko badhaya kar!
kabhi rashmi libaas mai
mere taraf bhi chal kar aya kar,

kabhi apne khilono ki tarah
mujhe bhi seene se lagaya kar,
jaise tu dusro ki parwah karti hai
waise,meri bhi parwah kia kar,

mujhe apne dil ka haal bataya kar
apne zehn ka khayal sunaya kar,
jab thodi si bhi bachaini lage
befikar mera haath thaam lia kar,

dhoon ki tarah mujhme samaya kar
roshni ki tarah meri aankhon mai guzara kar,
jab mere nazron ke saamne na aa sako
tab mere lafzon me utar jaya kar,

sitaaron ki tarah
mere aasman mai bikhar jaya kar,
mere bure waqt mai
phoolon ki tarah khil jaya kar,

takleefe de!
par sudhaarne bhi khud aya kar,
kyuki tere intezar mai rehta hoon
mere jazbaato ko yun zaya na kar,

jaana hai toh jaa!
par mere ishq ko yun badnaam na kar,
teri talab hoti hai mujhe
mujhse dhur jaakar,mujhe azmaya na kar,

bahot hogaya ab bas kar,
mere nazdeek aa
aur mere marz ki dawa kar.

-Tauseef Ali

9. Safar

Safar ki viraniya badhti gayi
Manzil tak ki dooriyan ghat ti gayi,
Log saath chalte rahe
Khwab apas me ladhte rahe!

Tu Bani mom ki
Mere paas na ana!
Me tehra sard ki thandi hawa
Tum pighal jaugi,mujhse doori banaye jana.

Hijr ka masail yeh hai
Hum maslo me uljhe rehte hai!
Na Jaane kab kaha Aur kaise daur badla?
Hum toh apne me hi khoye rehte hai.

Tum humse bichad kar roye kab the?
Zaroor koi toh humdard hoga jo tumhe rone nai deta
Aur humme yaad tak nai
Tumhe alwida kehkar hum soye kab the?

Aankhein humari numb thi
Kuch toh is bandagi me kam thi
Kis kis par nazar pher talaash karte
Tere aankhon me sirf mere basne ki kami thi!

Khafa hokar Hijr pe jana
Tumpe nai jachta,
Yeh lo chaand apne ap ko sawarlo!
Yun apne khubsurati ke saath gairo ke bazaar me jaana
Tumpe Acha nai lagta.

Aisi bhi humse kya khata hui
Tum Bhul na paaye
Kuch baaton ko Sochkar
Hum jage rahe,aur tum raaton ko so na paaye,

Hum mareez-e-hijr bane
Safar ke khatm ko tarse,
Hum toh mayoos the hi
Par us roz badal bhi khoob zor se barse.

-Tauseef Ali

10. Gumraah

tujhe kisi ne galat keh dia
mere baare me
mai dil dukhane waala nai,
nazar toh nai ata
par nazare chupane wala bhi nai,

ha,kuch samay see
tujhse khafa sa hoon
par aisa toh hargiz nai
ki teri yaadon se bichdaan sa hoon,

beech humare kuch faaslay hai
shayad inhi lakeero ke wjh se ruka hua hoon
ik din todh dunga sare darwaze
aur bas jaunga tujhe me jaa,
aunga na main phir laut kar
ab main bas ishi ke intezar mai hoon,

halka khudgarz sa hoon
par tujhse khudgarzi toh nai
logo se thukra kar,thukrana sikha hai
aisi khudgarzi,khudgarzi toh nai?

ha duniya see khud ko chipata firta hoon
par aisa parda
behaya toh nai?
kyu na hata doon yeh parda
toh kya mtlb,uske baad mujhme koi haya nai?

zara tez mizaaz ka hoon
par tere saath koi tezi toh nai
logo ne tujhe galat bataya hai mere baare main
apna hissa toh keh gaye woh
kya mere qisse ka mai khud bhi haqdaar nai?

ha,narmi nai hai mujhme
par tere saath sakhti bhi toh nai
aur dekha tha teri nigahon ko ek barson ke pehle
unke karaar ko bhoola toh main aj tak bhi nai?

ha eteraf nai kar paata main
par tujhse chupata bhi toh kuch bhi nai
tune toh kaha tha tu ankhon se samjh jaati haii
toh mere is jazbaat ko tu samjhi kaise nai?

ha khamiyan hain mujhme
par tujhme koi kami toh nai
teri parchai khud hi hoor-ul-nayn lagti hai
apne parchayi ko kabhi tune dekha kyun nai?

haa dadhta hoon kabhi kabhi
par tujhe daraya toh kabhi nai
teri paishani ko chuma,tujhe seene se lagaya
par apna farz tujhpe jataya bhi toh kabhi nai,

inn waadon see inn ehsaso se kuch dil narm kar deni waali yaadon se,
tu dhoor jaata raha
mai tujhe paas bulata raha
tune palat kar dekha toh sahii
par uske baad lauta bhi toh kabhi nai.

-Tauseef Ali

11. Agle baar

Agle baar aau toh waqt ka tohfa saath lete aana
Aate aate kuch chai ke samaan saath lete ana,
Baaki mai dekhlunga
Tum bas khud ko pure tareeqe se lete ana.

Kuch hissa na udhar chorna
Na kuch idhar
Aati ho toh sirf kuch jazbaat bhi saath lete ana.

Marham tumne kayi diye jo aj tak sile nai
Phir bhi humme tumse koi shiqwe nai.

Saare Zakhm bhar lenge
Raaton ko hum jag lenge
Tum aaau toh sahi
Tumhare saath har dard bhi haste-khelte seh lenge.

Tum karwat lena Aur mujhe dekhna
Rote rote ,has dena
Saare dukh baat lena,

Kuch bach jaaye
Toh mere hisse me Daal dena,
Kahaniya likhna,loriya sunana
Neend na aaye toh baahon me sula lena!

Halke se harkat se darr jana phir Gale se lag jana,
Gaane gaana phir taane maarna,
Jab sukoon na mile tab mere sine pe sir rakh lena,

Tum aankhein band karna,Aur mere nazmo ko sunte jana,
Na gila karna,na shiqwa rakhna
Hum bas tumhare hai yeh jaante hue aitvyar karna
Kabhi dil ghabraye toh baat karlena
Par befuzool ki baatein soch,apna din kharab na karna.
Aise zindagi bitana,
hamesha mere haath pe haath thaamna!
,kabhi duniya ki baaton me na ana,
jo tujhe sahi lage Tu Bas wahi kare jana.

-Tauseef Ali

12. Zanjeer

tere zulfon ko ab sawaru kaise?
mere haath zanjeero se bandhe hai!
ha zaroor mai dil ke jango ka ghazi hoon,
par tere saamne
mujh jaise kayi aa mar mitte hai.
-Tauseef Ali

13. Chaand

tera aankhon se muskurana
tere uth ke jaane ke baad yaad ata hai,
ha,farq hai humme
aur bht zyada farq hai humme!
par tere baaton ko sunkar,mujhe aashiqui ka zamana yaad ata hai,

tere chehre ka noor
tere ankhon ka karaar
tere hothon pe muskaan dekh kar,
mujhe chaand ka khayal ata hai,

tu kahi chaand se khubsurat toh nahi?
aisa befuzool sawaal baar baar ata hai!

ha maii woh nahi,jisse tu har shaqs mai talaashta hai
par mai wohh banna chahta hoon jiske maujudgi see tere zehen ko halka sa aaram ata hai,

ho sakta haii mai tujhe galat samjhta hoon
par tujhe samjhne ki koshish karte karte mere dil mai gulistan chaa jaata hai,
tu itni haseen hai ki
mere lafzon mai bhi khumar ajata hai,
jo bhi,mujhe tere baare mai kehte hue sunta
woh duniya ki rasm-o-riwaazo ko chor kar mere paas baith jaata hai!

shayad tujhe meri baatein pasand nahi isliye tuu mere khayalo se anjaan rehta hai,
par yakeen maan mera
jab tere hoth se ik ashaar nikalta hai
tab mere ashqon ko bhi aaram ajata hai,

tujh par kya guzri hai?
mera dil jaane ke liye bachain rehta hai,
tu aas paas na bhi ho mere
tera fikar har waqt mere zehen mai sawar rehta hai,

tere baalon ko banane ka
tujhe kaandhe pe sulane ka
tujhe baahon mai lekker,loriyan sunane ka khayal ata hai,
par tune joo deewar banayi hai irdh girdh
us se guzar jaane ka himmat nai ata hai,

tere saath zyada waqt nai hai mere paas
par yeh waqt bht hai mujhe aise andaza ata hai,
aur tu raaton mai kyu jagti hai?
mujhe pata hai,
kyuki tujhe doobane,yaadon ka bauchar ata hai,

tu itni mashooor hai kii
akbaro mai tera naam sabse pehle ata hai,
teri halki si aahat see
duniya tujhe badnaam karne pe utar ata hai,

meri gair maujudagi mai
tu mere samajh mai,zara sa bhi nahi ata hai,
tu mere saath jaisa hai
waisa qul qaynaat ke saath,kyu nahi rehta hai?

par tujhe pata hai kya?
acha hi hai!
kyuki duniya ko ache cheezo ko sirf barbaad hi karna ata hai,

mehfil mai
tu kyu khoya khoya sa rehta hai?
kya logon ke beech reh kar bhi
tere mann mai sirf us hi ka khayal ata hai?

maana ishq tha mohabbat tha
par ab woh tere hisse mai nahi ata hai,
woh kal tha beet gaya
woh shaqs ab udaas hokar tere paas nahi ata hai!

resham si pari hai tuu.
kyun gunahon mai muktala hoti hai?
har kisi ko bachane
qismat ka farishta nahi ata hai,

haa haari hai tu par sabr rakh
yuhi lakeero mai jahan nahi ata hai,
abhi toh ik beechda hai
kal laakhon beechdenge,
yuhi taqdeero mai sitara nahi ata hai!

chalta hoon ab
logo ke jaane ke baad,
yaadon ka kafila ata hai,
par tu fikr mat karna
kyuki,raat ke baad hi toh chaand ata hai!

-Tauseef Ali

14. Chasmish

Ankhon par chasme ka pehra hai
Aur nigaahein mastaani hai!
Jaakar unse pucho
Jinhone use dekha hai,
Sab kehte hai
woh husnuo ki raani hai!

-Tauseef Ali

15. Khud se bekhabar

Lafzon ki baatein hoti rahi,
Aur Tu khud se hi dadhti rahi,
Na jaante hue tu kitni khubsurat hai,
Tu khud ko,dusro se kam Samajhti rahi.

Teri ek hasi par lakhon deewane marte the,
Par Tu,us ek hasi ko tarasti rahi,
Masoom chehre ke peeche,
Kayi qisse chupe the,
Par Tu unhe batane se hamesha dadhti rahi.

Waqt guzar jaega,
Baatein reh jaengi!
Un aankhon ki raaz,
Unme hi sama jaengi.

Yaadon ke kafile nikal jaenge,
Beekhre hue pal chut jaenge,
Tu uske aasre me reh jaegi,
Aur tere hisse ki khushi koi Aur le jaenge.

Shehed se bhara Tera lehza,
Logo ke dil ko chuu jata tha,
Jo bhi tere chau me ata,
Woh Ghar lautne se mukhar jata tha.

Humme dekh kar hamesha yun barham kyu hote ho,
Kabhi musukura dia karo,
Kal ko hum nai rahenge toh kya karoge,
Itna toh Sata hi dia hai thoda Aur sata lia karo.

Tujh par kayi kahaniya likhi jaengi,
Jinka musannif me hunga!
Kisi ne mujhse behtar likh dia,
Toh smjh lena mai apne gaun ki ore chal rha hunga.

-Tauseef Ali

16. Acha lagta hai

Duniya ki is bheed me,
Khamoshi Acha lagta hai.
Sabko chup kar,
Teri baatein sunna Acha lagta hai!

Jismo ki baat humse hoti nai,
Par jab pyaar ki baatein karti ho Acha lagta hai!

Kabhi kabhi anjaane me,
Jo nai kehna tha woh keh jaati ho,
Bura toh lagta hai par sach sunkar Acha lagta hai!

Mere khamoshi ke peeche tera haath hai,
Dil bhi toota tha mera par khair choro,kya baat hai?

Tere jhut bhi sach lagne lage the,
Teri baaton se sachai jhadne lagi thi,
Humne toh tujhe apna bana hi lia tha,
Yeh veham bhi sach lagne lage the,
Tabhi tune dusre ke haath thaam lia!
Dard toh hua par tujhe hasta dekh,
Acha lagta hai!

Teri hasi par dil haar baitha tha,
Tabhi toh tujhe apna maan baitha tha,
Teri baaton Pé dil haar sa jaata tha,
Tabhi toh Tere liye sab gawah baitha tha.

Khair isme Tera kya kasoor,
Tune toh humme apna dost hi maana tha,
Hum hi the woh jisne tujhe apna maana tha.
Jahaa bhi rahe mahfooz rahe Tu,
Tujhe khush dekh Acha lagta hai.

-Tauseef Ali

17. Dooriyan

tujhe dekha toh yeh mehsoos hua,
yeh dil me hal chal kaisi?
tu roop ki saudagar hai ya husn ki raani?
jo bhii hai,jaisi bhi hai,
par mujhse yeh doori kaisi?

-Tauseef Ali

18. Mai sochta hoon

mai sochta hoon,
kya woh bhi mujhe yaad karti hogi?
chaand ke neeche baith,
kya taaron mai humara pata dhundhti hogi?

kya abhi bhi apni adaon se,
qayamat ko dhaati hogi?
jab mehfilo mai jaati,
toh kya ab bhi sir se aanchal ko hatati hogi?

kitni dilkash hai woh,
kya ab bhi logo ke dil ko bhaati hogi?
jab bhi meetha lehza dekhti hogi
kya ab bhi usme sama jaati hogi?

mai sochta hoon,
kya woh ab bhi kajal lagati hogi?
apne nazron se,
qatl ke teer chalati hogi!

jo uske apne rishte hai,
kya usko thukrati hogi?
kya gairon par ab bhi,
apna haq jatati hogi?

uske jo farz haii,
kya usse shiddat se nibhati hogi?
ya nadamat-e-yaar bhul kar!
naya rishta banati hogi!

kya woh mere raazo ko chupati hogi?
kafilo mai mujhe,anjaan bulati hogi!
mera naam chipa kar,
meri hifazat farmati hogi!

kitna badbakht hoon mai,
kitni haseen ho tum!
mai yaha raatein tanha kaat raha hunga
waha tum kisi ko kahaniya suna rahi hogi!

rashq-e-chaman tum
khubasurti ki misaal hogi!
par yeh aaina toh mere paas hai,
tum aaina kaise dekhti hogi?

noor-e-nazar,jaan-e-jigar
kya tum ab bhi parda karti hogi?
mai sochta hoon!
kya tum ab bhi mere baare mai sochti hogi?

jaan-e-jaan
kitne aish udhati hogi,
kitna itarati hogi!
jab mera zikr hota hoga
tum toh qisse ko tamaam kar jaati hogi!

-Tauseef Ali

19. Ik aankhri baat

tujhe ik aankhri baat batani thi
kaise tera ik hissa,aj bhi mere saath hai
bas itni si baat sunani thi

suna hai
ik nazar se zyada nai dekhte
par pehli nazar ke baad tujhse nazar hati hi nai
yeh baat duniya ko samjhani thi

ik bht badhi zimmedari nibhani thi
tere yaadon ke sahare ik zindagi bitani thi!

tum meri thi,yeh baatein ab jhutlani thi
dard-o-sitam ko ab kuch karz jhukani thi,

tujhse rukhsati ki badhi si dastaan ko,is chote se jahan me ik chote se sheher ke chan logo ko sunani thi
tere galiyon se guzarte waqt
nigahein neeche kar,kadam badhani thi!
kuch uljhe jazbato ko suljhani thi,
jitne khwahishein thi
un sab pe parde daalne the
waqt se peeche jaakar
un bigde toofano ko sambhalne the!

tere mere beech jo hasratein thi
un sab ko kahi raaz ki tarah dafnani thi
ah,ab yeh raatein akele guzarni thi!
bht saare farz bakhubi nibhane the
tujhse khafa hoon yeh baatein dil me chupani thi!

tu aage badh chuka hai,
yeh baat khud ko mehsoos karani thi
tere dil me hote hue kisi aur ko dil ki batein batani thi!

hazar sitaro ke beech ik apni pehchan banani thi
kahi dhoor jaakar waadiyon me
apne hisaab ki ik mulk basani thi!

tere diye hue gulaab,ke sukhe pankhariyon ko kehkashaon me bikhrani thi,
kitne aziyato se hokar humme yeh safar guzarni thi!

tanhai me,naa jaane ab kitne likhe hue sher mitaane the
aur farishto ke kitaab me naa jaane ab kitne aur sawaab likhane the,

ajanabiyon ki trh,tere khayalo se khudko ab taaruf karani thi
dhur kahi viraniyon me,humme ik ramz basar karani thi,

in saare cheezo ke liye ik arsa toh kaafi nahi,
toh shayd tujhe bhulane me ik umr aur bitani thi.

-Tauseef Ali

20. Aaj jaane diya!

jaa aj tujhe jaane dia,
un saare jazbato aur waadon se
aj tujhe azaad kia!

galat aur sahi ke daayre see
tujhe aj riha kia,
is duniya me toh nai mil sake
par apna khayalo ka duniya,pura tere naam kia!

us anjaan jagah see jo maine tere liye phool laya tha
usse qitaabo ke beech dabakar
tujhe ik aur lafz na kehne ka faisla kia,
ajse raatein tere bina guzarni thi,humne khud se yeh waada kia!

teri aankhon ki woh shaitaani harkat!
tere hothon pe woh baaton ki dastak!
tere chaal me hazaro ki hasrat!
par mujhe teri naino ki kasam,
tere saare aibo ko nazar andaaz kia!
aur tere nigahon se,ishq ke siwa kuch bhi nai kia!

par aaj jaane dia!
woh pehle raat see
aankhir mulaqat tak
rooh-e-saans se jism-o jaan tak!
mujhe khabar thii tujhe khonaa hai!
par itefaq sahii,tujhse mohabbat kia!

mujhe pata tha tere ishq me mujhe mitna hai
phir bhi tujhpe aitvyar kia
un ujray rishto me tera naam aya tha kahi,
us rishto ke panne ko jalakar
tujhe har ilzaam see nijaat kia!

teri izzat pe ik aanch na aane dia!
apnee ap ko sitamgar banakar
dusro ki nazro mee,
khudpe ik inayat kia!

apne armano ko doobne dia
aag ke dariya me aj tere lafzon ko simatne dia,
phir bhi har
sazisho se tera hifazat kia!
aur jab bhi woh chaandni raat wapas aayi
sitaaron ke beech baith kar humne sirf or sirf tujhe yaad kia.

lekin aj jaane dia!

-Tauseef Ali

www.ingramcontent.com/pod-product-compliance
Lightning Source LLC
LaVergne TN
LVHW041256150826
845673LV00008B/2619

* 9 7 9 8 8 9 2 7 7 9 3 1 9 *